LE SAINT-LAURENT.

LES FRANÇAIS AU CANADA

I

JACQUES CARTIER.

Dans les pages qu'on lira plus loin, vibrent le chaud patriotisme canadien et la profonde sympathie pour la France. L'auteur n'a eu qu'à laisser parler son cœur, où battent tous les cœurs de ses compatriotes. Leurs sentiments se traduisent avec les siens en ce livre dont le titre même est aussi concluant et significatif qu'un manifeste. M. Sylva Clapin a voulu, d'ailleurs, que son étude sur le *Canada* eût ce caractère français bien nettement exprimé. Son intention a été non seulement de fournir des informations sur son pays, mais aussi d'inviter, d'engager ceux qui, en France, songent à émigrer pour l'Amérique, à aller, par delà l'Atlantique, partager les destinées du peuple jeune et plein d'avenir dont les coutumes, les mœurs, la langue, les aspirations sont restées toutes françaises.

« Le Canada, dit avec raison un écrivain anglais, est une France de ce vieux temps où régnait le drapeau blanc fleurdelisé. » Pour les Canadiens de Québec et de Montréal, il y a en effet deux patries qui se confondent intimement en une seule, la leur et la France : ils sont demeurés fidèles à celle-ci, en dépit des courants politiques qui les en ont séparés; ils ont les yeux fixés sur elle, comme des fils dévoués attachent leurs regards sur leur mère; et ce culte non seulement subsiste, mais il grandit en intensité, à tel point qu'en ces cent dernières années les Canadiens français ont plus que centuplé. On a calculé qu'à la fin du siècle prochain, ils compteront 40 millions d'âmes sur les 100 millions que contiendra alors le Dominion. C'est, comme l'affirme M. Sylva Clapin, « la montée sûre et silencieuse de la France transatlantique » (1).

Ces progrès de l'élément français se retrouvent et se constatent dans la politique, l'industrie, le développement agricole, le mouvement littéraire, dans toute l'activité sociale, intellectuelle et matérielle. Il y a là une religion du souvenir ayant pour fondement la reconnaissance. Le Canada n'oublie point que c'est la France qui l'a arraché à la sauvagerie, et que le sang français en coulant sur ce sol l'a fécondé. Aussi M. Sylva Clapin a-t-il obtenu, de la part des Canadiens tout d'abord, un accueil chaleureux, en faisant le tableau des deux villes, Québec et Montréal, où la France conserve tant d'échos généreux, où rien de ce qui la touche, revers ou bonheurs, n'est ignoré et n'est indifférent.

II

Comment la France conquit-elle, sous ses rois, ce riche joyau de sa couronne, comment se le laissèrent-ils enlever? L'histoire de nos glorieux efforts de colonisation au Canada, des succès qu'y eurent nos entreprises, de nos malheurs, puis du déclin et de la perte de notre puissance dans cette partie de l'Amérique du Nord, a été souvent racontée avec impartialité, mais il est utile de la résumer ici.

Moins de six ans après la découverte de la *Terra de prima vista* (Labrador et Terre-Neuve) par les deux Cabot (2), à la fin du quinzième siècle, un marin de Honfleur, Jean Denis, en compagnie d'un pilote rouennais, Canart, explora l'embouchure du Saint-Laurent et en dressa la carte. Deux années plus tard, en 1506, un autre Francais, le Dieppois Aubert, remonta le même fleuve et débarqua sur ses rives quelques colons normands qui s'y établirent. L'exemple fut suivi par le baron de Léry; il voulut coloniser en grand, partit avec une nombreuse escorte, avec des bestiaux, et fut obligé d'abandonner ceux-ci, qui, laissés en liberté, se multiplièrent. Léry n'avait atteint que l'Ile de Sable, en face de la Nouvelle-Écosse. Des Bretons, plus heureux, découvrirent une autre terre insulaire (l'île du Cap Breton), où ils commencèrent la pêche de la morue. Déjà Sébastien Cabot avait constaté l'abondance de ce poisson dans ces parages de Terre-Neuve qu'il appela *Terra de Bacalao* (3).

On ne tarda pas à être informé à la cour de France des résultats avantageux de quelques-unes de ces expéditions, et François Ier, cédant aux conseils de l'évêque de Marseille, Claude de Seyssel, voulut, à son tour, comme avaient fait Henri VII d'Angleterre, Ferdinand et Isabelle

(1) L'ouvrage auquel est emprunté le récit donné plus loin a pour titre : *la France atlantique, le Canada*, par Sylva Clapin. (Paris, librairie Plon, Nourrit et Cie.)

(2) Voir sur les Cabot les ouvrages importants de H. Harrisse.

(3) Terre de la morue : *bacalao* se prononce *bacalan*, nom donné à l'un des principaux quais de Bordeaux, où se fait un grand commerce de morues. (C. S.)

de Castille, Joao II de Portugal, devenir « maître de la mer ». De même que ses rivaux s'étaient adressés à des Italiens, il chargea un Florentin, Verazzano, de l'exécution de son dessein, qui était d'ouvrir, lui aussi, à ses navires, un passage d'Europe au Cathay (Chine) par le nord-ouest. Une tempête contraria ce plan et jeta ce navigateur sur les côtes du nord de la Floride. Il gagna de là le Saint-Laurent et Terre-Neuve, débarqua, prit possession, au nom du roi, de toute la presqu'île comprise entre le golfe Saint-Laurent et la baie d'Hudson, et donna à ce territoire le nom de Nouvelle-France. C'était en 1524. La conquête simplement nominale, comme il arrivait toujours en pareil cas, devait être corroborée par des établissements. Verazzano s'y employa, mais il périt dans un de ses voyages.

En 1534, François Ier, plus jaloux que jamais des rois d'Espagne et de Portugal, et ne voulant point, comme il le disait en son langage pittoresque, qu'ils se partageassent sans lui l'héritage d'Adam, donna son acquiescement au Malouin Jacques Cartier qui s'offrit pour reprendre l'œuvre de Verazzano. Le hardi Breton retrouva la côte du Labrador, y planta l'étendard du roi, reprit ensuite son exploration vers le nord, et arriva dans la baie de Gaspé, où, en signe de sa conquête, il érigea sur le rivage une croix avec l'écu de France. Dans un second voyage, qu'il entreprit en mai 1535, avec trois vaisseaux, il remonta le cours du Saint-Laurent et atteignit un village indien, appelé Hochelaga, dont il changea le nom en celui de Mont-Royal (qui fut plus tard Montréal). Il était de retour en France au mois de juillet 1536, mais s'efforça vainement de faire apprécier l'importance considérable des régions découvertes par lui. Il compléta ses investigations cinq ans après, et dut revenir, faute de vivres. On ne prêta qu'une très faible attention à tout ce qu'il disait des trésors offerts là-bas par la nature à qui voudrait s'en emparer. Découragé, il alla s'ensevelir dans l'oubli à Saint-Malo. Personne ne s'occupa plus de lui; il devint même si ignoré qu'on ne sait plus en quelle année ni comment il mourut.

Mais, pendant que la cour se montrait ingrate à l'égard de Cartier, elle ne négligeait pas complètement de mettre à profit ses rapports et donnait à un gentilhomme picard, Francis de la Roque, sieur de Roberval, le titre de vice-roi des nouvelles possessions d'outre-mer. Roberval fit de son mieux pour remplir sa mission; il installa un poste militaire à France-Roy, un autre au Cap Breton; mais, quand il réclama de l'aide au gouvernement, on le livra à ses propres ressources. Aussi sa colonie ne fit-elle que péricliter.

Les guerres de religion orientèrent ailleurs la politique de la France. On ne s'occupa plus de la colonie américaine. Un gentilhomme breton, de la Roche, avait, il est vrai, reçu de Henri III un privilège pour y fonder un établissement, mais il ne put s'embarquer que sous Henri IV, fit naufrage avec ses compagnons, se réfugia dans l'île de Sable et y vécut cinq ans, sans donner de ses nouvelles. Il y avait cependant des gains à faire dans les parages du Saint-Laurent et de Terre-Neuve, où les pêcheries prenaient de l'importance, ainsi que dans le nord de la Terre de France où le commerce des pelleteries pouvait s'approvisionner. Henri IV concéda successivement des privilèges à cet effet à plusieurs hommes entreprenants, Chauvin (1599), de Chastes (1602), de Monts (1603). Ce dernier partit avec une escorte résolue dont faisait partie le Saintongeois Samuel de Champlain.

Si Jacques Cartier fut le véritable découvreur du Canada, c'est Champlain qu'appartient la gloire d'y avoir jeté les premières bases d la civilisation. Avec lui commence l'œuvre de la colonisation, et le trente-quatre ans qu'il y consacra, de 1602 à 1635, associant l'énergie la capacité, faisant preuve en toute circonstance d'un dévouement admi rable, ouvrirent les routes aux explorations et aux institutions bienfai santes dans toutes les directions. En 1605, il fonda Port-Royal en Acadie puis, en 1608, Québec sur la rive gauche du Saint-Laurent; en 1609, i découvrit le lac qui porte son nom; en 1614 et 1615, les lacs Ontario Michigan, Huron, Supérieur. Il favorisa les missions, si utiles non seu lement pour la propagande religieuse, mais aussi pour les études géo graphiques et ethnographiques. Il créa des écoles et, nommé lieutenan du vice-roi de la Nouvelle-France, exerçant en réalité l'autorité d'u gouverneur, il travailla sagement et progressivement à l'administratio de ces contrées dont il prévoyait la future prospérité. Grâce à ses tra vaux incessants, la compagnie française, formée en 1617 pour exploite la colonie au point de vue commercial, put se développer rapidement mais, en 1628, elle trouva sur son passage les Anglais qui tentèrent d lui enlever ses positions. Dans ce conflit, Champlain eut le dessous obligé de capituler en 1629, il ne put reprendre son commandemen qu'en 1632, quand le traité de Saint-Germain eut restitué le Canada à l France. Richelieu organisa alors pour l'exploitation de l'Amérique fran çaise la puissante Compagnie des Cent associés, dont Champlain fut l représentant jusqu'à sa mort (25 décembre 1635). Son successeur fu M. de Montmagny, que les Peaux Rouges, traduisant son nom, appelèren Ononthio (la grande montagne). La colonie fit des progrès. Québec se fortifia; d'autres villes se fondèrent. Trois-Rivières, en 1640, et Montréal, en 1642, furent peuplés par des familles champenoises, sous la conduite de M. de Maisonneuve. Des missionnaires, que les indigènes nommaient les « robes noires », opérèrent de nombreuses conversions, surtout parmi les Algonquins et les Montagnais, en réunissant les nouveaux convertis dans des villages créés à la portée des forts français, tels que Sillery, Saint-Louis, la Magdeleine. Mais ces victoires apostoliques trouvèrent une résistance acharnée de la part de certaines tribus sauvages. Des guerres d'extermination en résultèrent. Les Iroquois, redoutable confédération d'Indiens, dispersés depuis les Alleghanys jusqu'au lac Ontario, attaquèrent les Algonquins et leurs alliés les Hurons. Plusieurs missionnaires tombèrent entre les mains des vainqueurs, qui les firent périr dans d'affreux supplices. Tels furent les Pères de Brébeuf, Lallemant (1). Les Indiens bloquèrent les Français dans les villes ou dans les forts, et les gouverneurs qui vinrent après M. de Montmagny (d'Aillebout, Lauzon père et fils, d'Argenson, d'Avaugour, de Mézy) ne purent, faute de ressources, que se maintenir sur la défensive, laissant les aventuriers, enfants perdus, coureurs des bois, aux prises avec l'ennemi, dont ils égalaient la ruse.

Cette situation se prolongea pendant vingt-cinq ans. Colbert prit, en 1663, une résolution décisive. Il obtint de Louis XIV une déclaration

(1) Voir le récit de ces martyrs dans le volume que j'ai publié sous le pseudonyme de Pierre Durandal : *le Supplicié vivant* (Paris, H. Oudin), et le remarquable ouvrage de Dussieux, *Le Canada sous la domination française*. (Paris, Lecoffre.)

faisant du Canada une colonie relevant directement de la couronne, et y envoya, comme gouverneur, M. de Courcelles, avec M. Talon pour intendant. En même temps, il accorda de grands avantages aux familles rurales françaises qui voulurent y émigrer. L'idée était géniale, et si elle avait eu pour appui dans la suite des hommes aussi capables que Talon, il n'est pas exagéré de dire que l'Amérique serait aujourd'hui en grande partie française. Malheureusement, la période d'expansion coloniale de la France dans le Canada ne dura pas cent ans. En 1671, nous prenions

MONTCALM.

possession des pays avoisinant le lac Supérieur ; en 1672, les missionnaires nous assuraient la conquête de toute la région au sud de la baie d'Hudson ; en 1673, des explorateurs, partis du Canada occidental, pénétrèrent dans le bassin du Mississipi, firent la reconnaissance des vastes contrées intérieures, et, la même année, toute l'immense étendue de pays comprise entre le Canada et le golfe du Mexique reçut, en l'honneur de Louis XIV, le nom de Louisiane. Enfin, en 1700, les cinq nations de la confédération iroquoise se soumirent à la suprématie de la France.

Cependant les Anglais attendaient l'occasion de nous disputer cet empire. Nos luttes avec eux en Europe leur en fournirent le prétexte. En 1713, le traité d'Utrecht nous obligea à les accepter pour voisins en

Amérique, et à leur donner une partie de l'Acadie (1), Terre-Neuve et les terres de la baie d'Hudson. Dès ce moment, la collision était imminente entre la France et l'Angleterre. Louis XV en précipita le moment fatal. La guerre de Sept ans eut pour conséquence celle du Canada. En 1759-1760, Montcalm, n'ayant à opposer que 5,000 hommes de troupes et de colons inaguerris à 40,000 Anglais commandés par Wolfe, est tué sous les murs de Québec, qui tombe au pouvoir de nos ennemis. Montréal a bientôt le même sort, et la victoire de Léris à Sainte-Foy n'empêche point pour nous la perte irrémédiable de tout le Canada. Le traité de Paris de 1763 abandonna définitivement à l'Angleterre toutes nos possessions de l'Amérique du Nord.

III

La politique et la diplomatie ne détruisent point les racines éternellement vivaces de l'amour d'un peuple pour sa vraie patrie. Les conquêtes n'effacent point les souvenirs indélébiles. L'Angleterre n'a pas réussi, en dépit de tous ses efforts, à se concilier l'attachement des Canadiens français. Il n'y a de réellement anglais dans l'Amérique du Nord que le Haut-Canada, et l'acte de la reine Victoria promulgué le 22 mai 1867, pour réunir toutes les possessions britanniques entre la baie d'Hudson et le golfe de Saint-Laurent en un seul État autonome sous le nom de Dominion, n'a pas comblé le fossé toujours profond que l'arrêt du Parlement anglais en 1791 n'avait pas osé nier lorsqu'il proclama la séparation du haut et du bas Canada. Cette séparation demeure évidente dans toutes les affections de la province de Québec pour la France et les idées françaises. Le sol est aux Anglais, mais l'âme nous appartient. Et cette envolée des aspirations est aussi spontanée qu'irrésistible. Il n'y a aucune mesure législative qui puisse prévaloir contre elle. Le livre de M. Sylva Clapin le démontre (2).

Charles SIMOND.

(1) C'est à cette époque qu'eut lieu l'expulsion des Français établis en Acadie. Un des épisodes les plus émouvants de ces rigueurs exercées contre nos compatriotes par les autorités anglaises, fait le sujet du beau poème de Longfellow : *Evangeline*, que nous avons traduit en français. (Ch. SIMOND, *Evangeline*. Paris, Henri Gautier.)

(2) Les deux ouvrages les plus importants à consulter sur la France au Canada sont l'*Histoire du Canada* de F.-X. GARNEAU (Québec, 1852, 3 vol.) et *Les Français en Amérique*, par E. RAMEAU (Paris, 1859). « C'est, dit M. Vivier de Saint-Martin, ce dernier livre qui a révélé le Canada à la France; il nous a appris qu'il y a dans l'Amérique du Nord une nation française déjà nombreuse et très vivace dont l'avenir ne sera peut-être pas sans quelque grandeur. » Ajoutons que les poètes français du Canada, tels que Louis Fréchette et Octave Crémazie, ont secondé admirablement ces tendances. (C. S.)

VUE DE LA TERRASSE DE QUÉBEC.

LE CANADA

I

LE SAINT-LAURENT, — LE SAGUENAY

L'Égypte, c'est le Nil. L'Inde, c'est le Gange. Le Canada, c'est le Saint-Laurent.

Au Canada, tout émane du Saint-Laurent. Tout arrive par lui, tout s'en retourne à lui. Sans le Saint-Laurent, Québec, Montréal et Toronto ne seraient que des bourgades insignifiantes, ignorées. C'est sur les bords du Saint-Laurent, aux eaux d'un bleu profond, verdâtres par places comme des reflets d'océan, que le paysan canadien installe de préférence sa maisonnette, voulant avoir là sous les yeux, partout et toujours, son cher fleuve-roi.

Au sortir de la région des grands lacs, dans lesquels il prend sa source, le Saint-Laurent, comme avide déjà de se mêler à ce vaste Atlantique qui l'attend au bout d'un parcours de 1,200 kilomètres, se précipite d'abord en avant par une série de bonds désordonnés. Ainsi jusqu'à Montréal. Arrivé là, il est en pleine possession de sa force. Il ne roule plus alors, il marche. Il marche, solennel et lourd, recevant sur son passage les eaux d'innombrables rivières dont plusieurs, entre autres l'Ottawa, le Richelieu, le Saint-Maurice, seraient partout ailleurs de véritables fleuves.

Il faut voir le Saint-Laurent au printemps, lors de la débâcle. Devant Montréal, où bien souvent j'ai joui de ce spectacle, le fleuve, large en cet endroit de 4 kilomètres, jaillit soudain, avec des révoltes inouïes de puissance, au milieu de craquements sonores comme des détonations d'artillerie, de la prison qui l'a tenu enfermé depuis décembre. La glace, soulevée par un gigantesque effort, retombe brisée, éparpillée en des milliers de blocs qui tous alors, comme affolés, tournoient un instant, puis se hissent les uns sur les autres, formant une barrière infranchissable. Mais le fleuve s'est mis à monter, grondant sourdement de colère. Bientôt il pèse, il pousse avec un redoublement de rage contre l'obstacle, qui enfin cède et s'écroule, définitivement cette fois.

C'est surtout à partir de Québec que le Saint-Laurent devient imposant. Bien qu'à 100 lieues encore de son embouchure, il prend, déjà là, ces allures d'Océan en miniature qu'il ne quittera plus désormais. A Québec, les marées se font sentir, parfois formidables, tout comme à Étretat ou à Trouville. C'est aussi là que le grand fleuve canadien revêt sa physionomie la plus caractéristique. Jusqu'au Golfe, il se meut, immensité azurée, entre une double ligne ininterrompue de paysages sévères, presque sauvages même; bien différent en cela de ses deux rivaux d'Amérique, l'Amazone et le Mississipi, celui-ci roulant ses flots jaunes à travers des plaines uniformes et basses, et celui-là se riant en plein pays de soleil, sous l'Équateur, dans son cadre étincelant de forêts vierges.

C'est de même à Québec que la largeur du Saint-Laurent commence à devenir extraordinaire. Cette largeur, de 12 kilomètres devant la ville, atteint 25 kilomètres au confluent du Saguenay, 50 kilomètres à Rimouski, pour s'évaser brusquement, peu après avoir contourné la Pointe des Monts, en une immense nappe d'eau de 150 kilomètres.

Du reste, les « gens d'en bas de Québec », comme on les appelle communément dans le pays, ont là-dessus un mot bien significatif, et qui en dit plus que tout un chapitre, sur cette grandeur si imposante du Saint-Laurent. Chaque fois qu'il leur arrive de parler de leur fleuve, ils disent tout simplement : « La mer (1). »

(1) La longueur du Saint-Laurent est évaluée à 1,200 kilomètres, dont près de la moitié, c'est-à-dire jusqu'à Montréal qui est le terminus naturel de la navigation océanienne, est navigable même pour les énormes transatlantiques jaugeant 5,000 tonneaux.

Ce n'est pas tout, et il s'en faut de beaucoup que le reste du fleuve, en amont de Montréal, ne soit pas accessible. Grâce à un système de canalisation des mieux entendus, représentant collectivement une longueur de 115 kilomètres, et qui n'a pas coûté à l'Etat moins de 165 millions de francs, les navires de 1,500 à 1,800 tonneaux peuvent remonter aujourd'hui jusqu'à Duluth, situé à la tête du lac Supérieur, c'est-à-dire que, en y comprenant la route des grands

Et c'est bien là, aussi, la profonde solitude bleue des Océans, avec des lointains aux longues ondulations d'une teinte gris perle, qui sont les côtes, et qu'on prendrait, tant ils sont distants

ESCALIER CHAMPLAIN, A QUÉBEC.

de nous, pour un vague amoncellement de nuages au ras de l'horizon.

lacs, la navigation du Saint-Laurent s'étend actuellement sur un parcours de 2,700 kilomètres, et constitue le plus grand débouché de l'Amérique du Nord.

On voit tout de suite l'importance considérable de cette voie de communication, pour l'exportation en Europe des produits du grand Ouest américain. En

Nous sommes ici en plein royaume de légendes et d'histoires fantastiques. Les habitants du bas Saint-Laurent n'auraient pour caractère distinctif de leur origine que leur penchant irrésistible vers le mystérieux, que cela suffirait encore, et au delà, pour faire reconnaître en eux, à première vue, des fils de la vieille Armorique. En effet, leurs ancêtres sont venus de la Bretagne, et plusieurs des sites canadiens, si mélancoliques qu'on ne peut les oublier, durent leur rappeler les landes sauvages et désolées, couvertes d'ajoncs et de genêts, du pays natal, ces landes mêmes qui parlent à l'imagination des temps fabuleux de l'histoire, où les grands menhirs des druides montent la garde, tandis que, tout près, l'Atlantique laisse échapper les bruits majestueux des espaces infinis.

De la Pointe des Monts, qui marque l'embouchure du Saint-Laurent, jusqu'à Québec, la première ville importante du Canada, on compte environ 80 lieues. Peu à peu, à mesure que l'on remonte le cours du fleuve, les traces d'habitation deviennent plus nombreuses sur les deux rives, elles-mêmes plus resserrées (1).

Bientôt, à gauche, c'est une localité d'un mouvement tout moderne, Rimouski, où les paquebots font escale pour y déposer les malles qui de là sont transportées rapidement à destination par le chemin de fer. Plus loin, à droite. c'est Tadoussac, ravissant village situé à l'entrée de la rivière Saguenay, et l'une des stations balnéaires les plus en renom dans le pays. De là, les bateaux à vapeur remontent le Saguenay jusqu'à Chicoutimi, autre jolie petite ville, toute bruissante d'activité, et qui est devenue depuis peu, de simple bourgade qu'elle était il y a à peine quelques années, le siège d'un évêché, d'un séminaire, et de plusieurs établissements industriels très prospères. A quelques heures en amont est le lac Saint-Jean, arrosant cette superbe vallée du même nom que l'incomparable fertilité de son sol a fait surnommer le « grenier du Canada ».

La rivière Saguenay partage, avec le Niagara, la gloire d'être l'une des curiosités les plus merveilleuses du monde entier. Cette célébrité, elle la doit au pittoresque et à la sauvagerie grandiose des paysages qui se déroulent sur ses bords. « Le Saguenay, dit un auteur canadien (2), est un gouffre, profond parfois de mille pieds, taillé en plein granit, au sein d'énormes entassements de montagnes, par un terrible cataclysme qui doit remonter à des milliers d'années... Il y a comme du délire dans cette création. Les montagnes paraissent avoir été jetées là au hasard, comme dans

outre, il n'est peut-être pas inutile de faire observer ici que les steamers qui font le service des ports canadiens avec Liverpool parcourent la voie la plus courte entre l'ancien monde et le nouveau. Cette diminution de distance donne à Québec l'avantage d'une différence de 770 kilomètres sur New-York.

(1) Voir J.-T. Muirhead, *The Dominion of Canada*. collection Bædeker, 1894.
(2) Arthur Buies, *Le Saguenay et la vallée du lac Saint-Jean*.

une épouvantable mêlée, où les combattants sont restés debout, foudroyés sur place. »

Et cela, sur un parcours de 18 lieues, sans le moindre vestige de végétation, au milieu d'un silence de mort, à peine traversé, de temps à autre, par le cri strident et lugubre d'un oiseau de proie qui, bien haut, plane dans les airs. Par degrés, une sorte d'angoisse lourde et âpre vous étreint, et l'on se prend involontairement à soupirer après une éclaircie qui laisserait voir, à travers quelque déchirure de montagne, soit un pan de verdure, soit seulement un arbre ou un bouquet de fleurs des champs. Mais toujours

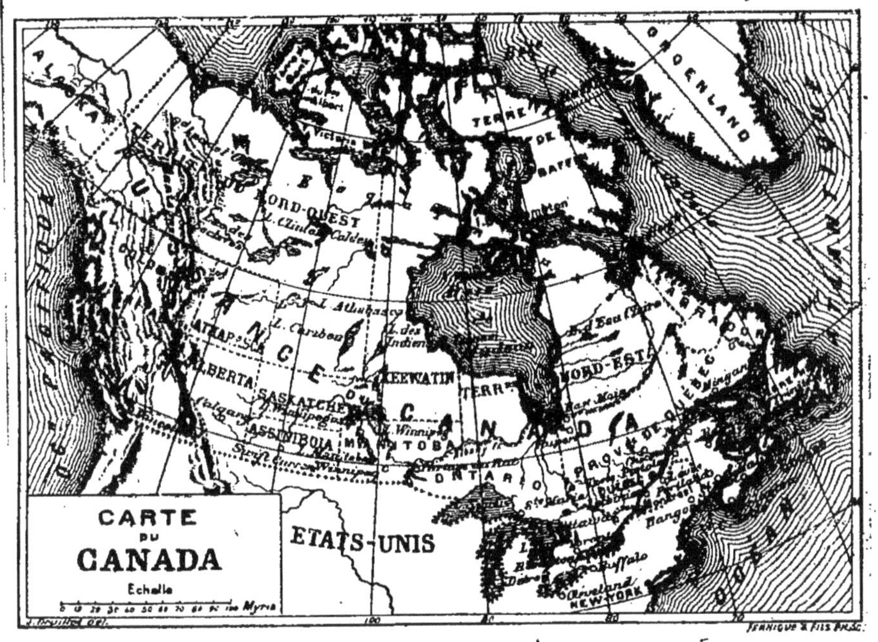

CARTE DU CANADA.

se profilent les horribles amoncellements de rocs noirs et glabres, qui, se dressant jusqu'aux nues, vous oppressent, vous étouffent!... A un certain endroit même, c'est-à-dire là où se trouvent ces deux énormes falaises d'une hauteur à pic de dix-huit cents pieds, qui se nomment les caps Trinité et Éternité, il semble que vous soyez arrivé à la limite extrême où la réalité se fond dans le rêve. On dirait vraiment le Styx de l'antiquité, et les damnés de Virgile doivent ici sourdre de partout pour s'accrocher à la barque de l'imprudent visiteur qui se hasarde sur ces flots noirs. Entre les deux bords subitement resserrés de la rivière, l'écho a pris soudain des proportions inouïes. Le plus léger cri vous revient comme un roulement de tonnerre mille fois répercuté, et la détonation d'une arme à feu vous donne la sensation d'un univers s'entr'ouvrant avec un fracas épouvantable. On fuit au plus tôt, pressé cette fois d'en finir, et c'est avec un sentiment d'indicible bien-être que l'on pénètre, à quelques heures de là, dans une large vallée, où la rivière développe enfin à son aise le volume de ses eaux, à travers des prairies verdoyantes. Les premiers explorateurs nommèrent cet endroit la baie des Ha-Ha! C'est qu'en effet ces interjections rendent bien l'impression qu'on ressent, et elles viennent tout naturellement à la bouche, quand, au sortir du long spectacle de désolation que présente le Saguenay sur la plus grande partie de son cours, on se trouve ainsi subitement face

STEEPLE-CHASE EN RAQUETTES.

à face avec une nature animée et où se joue librement le soleil.

Reprenant notre course sur le Saint-Laurent, depuis Tadoussac, nous longeons successivement plusieurs autres villes d'eaux, toutes fort courues durant la belle saison. C'est Cacouna, très aristocratique, quelque chose comme le Trouville canadien, avec un immense hôtel à piazzas dressé sur une hauteur, casinos, salons de conversation, etc.; c'est Rivière-du-Loup et Kamouraska, plus modestes, quoique guère moins attrayants; c'est la Malbaie, le rendez-vous par excellence des gens qui aiment à s'amuser, ce qui est assez dire que la société d'origine française y domine. Tout le jour, entre ces endroits monopolisés par la fashion, c'est un va-et-vient incessant de yachts de plaisance qui ressemblent de loin, lorsqu'ils courent sur le fleuve, leurs blanches voiles tendues au vent, à quelque vol de mouettes soudainement abattu sur les flots.

Nous remontons toujours. C'est maintenant, sur chaque rive, une succession ininterrompue de jolis villages, aux fraîches et coquettes maisons, échelonnées le long de la côte et disparaissant à demi dans les moissons houleuses et dorées, ou groupées en faisceau serré autour de leur église, dont la flèche en métal scintille gaiement au soleil. Quelques heures de route encore, puis soudain, à un brusque détour, après avoir contourné l'île d'Orléans, on aperçoit la superbe rade de Québec et la masse grise de la ville

LE TOBOGGAN.

avec son amphithéâtre de maisons et sa citadelle, perchée au sommet du roc de granit qui domine la vieille cité.

II

QUÉBEC

De longtemps je n'oublierai l'impression profonde que je ressentis, il y a de cela plusieurs années déjà, lorsque j'eus l'occasion de voir Québec pour la première fois. Et de fait il est bien peu de touristes qui ne se soient laissé prendre comme moi au charme de cette vieille ville étrange, et qui n'aient consacré à faire son éloge maintes pages de leurs calepins de voyage.

Imaginez un roc abrupt et colossal, entouré de remparts à créneaux, et que domine une citadelle géante, une citadelle, cette chose si rare en Amérique. Jetez sur ce roc, à profusion, les lourds et bizarres édifices, à pignons antédiluviens, particuliers à une place de garnison, avec, çà et là, la flèche scintillante d'une église ou les murs sévères et trapus de quelque monastère. Faites grimper tout autour les maisons de la ville basse, des maisons d'un aspect de vétusté incroyable pour une ville du nouveau monde, des maisons branlantes, vermoulues et moussues, parfois hydropiques et ventrues, parfois maigres et efflanquées, et qui toutes se lézardent, se fendillent, se crevassent, s'effritent, s'émiettent peu à peu sous l'action lente du temps. Quelque chose comme la reproduction du célèbre quartier, aujourd'hui modernisé, des Tanneurs à Genève. Sur tout cela, un ciel presque toujours d'une pureté admirable, et à l'horizon, par delà le Saint-Laurent, des paysages montagneux, aux tons bleuâtres d'une exquise finesse. Voilà Québec.

O ma chère vieille cité canadienne! Ville éminemment fantasque, puisque, par ce temps de « progrès moderne » où tout s'embellit, se nivelle et s'uniformise, tu t'obstines quand même à conserver avec un soin jaloux le pittoresque labyrinthe de tes rues effroyablement pavées, avec les trottoirs casse-cou et la calèche de nos aïeux! Ville étonnante et extraordinaire où, quand autour de toi tout s'agite avec rage après la fortune, on voit encore des gens au cœur simple pour qui l'*aurea mediocritas* du poète est le rêve désiré! où l'on rencontre même — ô prodige! — des poètes à longs cheveux et à coudes râpés, en quête de rimes et d'idéal! Ville bienveillante et hospitalière, aux femmes justement renommées pour leur grâce et leur beauté, surtout ville de chercheurs et de lettrés, où il fait si bon se laisser vivre dans une béate et placide somnolence! Puissé-je inspirer à beaucoup d'entre ces Français de France, qui me font l'honneur de me lire, le désir et la curiosité d'aller au plus tôt faire connaissance avec ces autres Français qui ont établi leur séjour dans tes vieux murs : les Français de la plus ancienne ville française d'Amérique.

J'ai parlé plus haut de la calèche. La calèche est à Québec ce que la gondole est à Venise, le *hansom-cab* à Londres, ou la *volante* à la Havane, c'est-à-dire le véhicule caractéristique de la ville. En cherchant bien, on pourrait peut-être encore retrouver le dernier modèle de ces calèches dans quelques villages reculés du Perche et de la Normandie, pays d'origine de la plupart des Canadiens. C'est une voiture montée sur deux roues de grandes dimensions, et dont la caisse, en forme de balançoire, est suspendue sur deux énormes courroies sur lesquelles elle oscille, au gré de la course, comme une barque se jouant sur la crête des vagues. Cette comparaison est tellement juste que beaucoup de personnes, avant d'être habituées à ce genre de locomotion, éprouvent de véritables attaques de mal de mer lorsqu'elles s'en servent.

A peine débarqué, la calèche vous assaille pour ne plus vous quitter. Sur chaque place publique, que dis-je! à chaque détour de rue, vingt, trente *jéhus* armés de longs fouets se dresseront soudain devant vous, s'écriant en même temps : « Calèche! calèche, monsieur! » Tout près, les calèches s'alignent, on ne peut plus inoffensives, avec leurs petits chevaux qui, l'air tout penaud, semblent dormir. Ne vous y fiez pas trop cependant. Tous ces petits chevaux canadiens, une fois lancés, filent comme le vent, grimpant, grimpant, que c'est une bénédiction, les roides pentes de Québec, ou bien encore les descendant, comme si Satan lui-même eût pris en main les rênes, c'est-à-dire avec une rage d'enfer.

Gare à vous, alors, si vous êtes tant soit peu douillet. Par instants, la calèche sombrant dans une ornière, vous avez la sensation désagréable de quelque chose s'ouvrant au-dessous de vous, et par où vous allez disparaître. Puis, l'instant d'après, grâce à une pointe de pavé plus saillante que les autres — je vous ai déjà dit quel pavé primitif les Québecquois possédaient — toute l'infernale machine se détend tout à coup avec violence, et vous devez vous arc-bouter de votre mieux pour éviter d'être lancé par-dessus les toits. Vous sortez de là harassé, moulu, rompu, jurant *in petto* tous vos grands dieux qu'on ne vous y prendra plus, et... vous y revenez à la prochaine occasion qui s'offrira. En effet, pour être souverainement incommode, la calèche n'en est pas moins infiniment pittoresque, et, comme telle, elle est assurée de vivre pendant longtemps encore dans l'admiration des voyageurs.

Du reste, avec ou sans calèche, la ville plaît toujours au touriste, j'entends le vrai touriste, celui qui a soif d'imprévu, d'inconnu. Et il en jouira d'autant plus, qu'il aura traversé auparavant plus de villes américaines, toutes pour la plupart uniformément monotones, avec leurs larges rues coupées à angle droit, leurs interminables rangées de hauts édifices, leurs *palace-hotels*, et l'activité fébrile, vertigineuse, de leurs habitants.

A Québec, rien de tout cela, ou si peu qu'il n'y a pas à en parler. Généralement les gens n'y font rien de ce qui se voit ailleurs. Songez donc : on y rencontre des boutiquiers qui attendent la pratique dans une tranquillité sereine, en fumant la pipe sur le seuil de leurs magasins, et des cochers qui menacent à tout instant de faire emballer leurs chevaux. Ces deux exemples sont déjà suffisamment typiques et pourraient me dispenser d'en citer d'autres. Il y a cependant plus encore : à Québec, les hôteliers sont affables, polis, et — juste ciel! qui le croirait? — vous écorchent le moins qu'ils peuvent.

Oh! ces hôtels de Québec, qui redira leur gloire? Tous vous y ont comme un vague parfum de ces bonnes vieilles tavernes du *Faucon-Noir* et de la *Pomme-de-Pin*, dont parle Alexandre Dumas dans les *Trois Mousquetaires*. Ce sont les mêmes salles basses enfumées, et, tout au fond, les mêmes cabaretiers légendaires, trônant, parmi leurs bouteilles, derrière les mêmes comptoirs d'étain. Au dehors, ce sont les mêmes enseignes, portant quelque nom bien ronflant, qui grincent et qui tournent à tous les vents. La silhouette de d'Artagnan se dresserait soudain en ces lieux que l'on n'en serait aucunement étonné.

RAPIDE AU CONFLUENT DU SAINT-LAURENT ET DE L'OTTAWA.

De loin, sur le pas de sa porte, l'amphitryon vous sourit, vous accueille de sa courbette la plus engageante. Si vous êtes Français surtout, c'est-à-dire pour lui un frère des vieux pays, sa joie ne connaîtra plus de bornes. Volontiers, n'était le respect qu'il vous doit, vous embrasserait-il sur les deux joues. Dans tous les cas, soyez sûr qu'il descendra au plus tôt à sa cave y chercher un flacon de son meilleur cru, afin de fêter votre arrivée.

On n'en finirait plus si l'on voulait noter toutes les particularités qui distinguent la capitale canadienne. J'en veux citer toutefois une dernière, celle-là même la plus caractéristique, sinon la plus attrayante. Je veux parler de l'endroit connu à Québec sous le nom de la « Terrasse ».

Je vous défie bien d'être devenu Québecquois depuis seulement vingt-quatre heures sans vous entendre demander obligeamment :

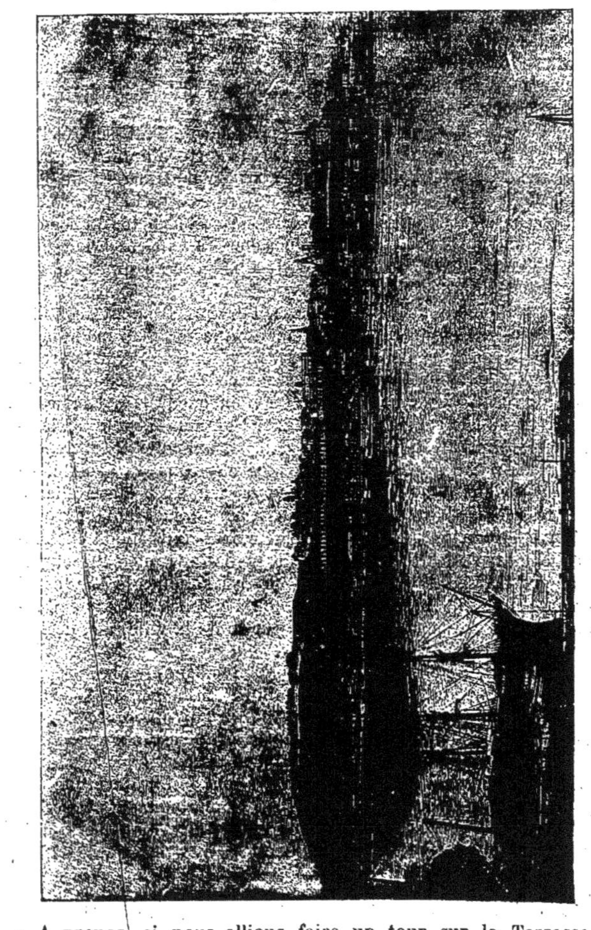

VUE DE QUÉBEC.

« A propos, si nous allions faire un tour sur la Terrasse ? »

C'est qu'aussi cette Terrasse est une promenade unique en son genre. Partout ailleurs qu'à Québec, du moment qu'il aurait été question d'établir un mail quelconque, on eût, selon toute probabilité, sur l'emplacement choisi, et situé en dehors du quartier des affaires, ratissé des allées, planté des arbres, semé des fleurs, esquissé des quinconces, des plates-bandes, que sais-je encore? C'est là la phase préparatoire et obligatoire des grandes promenades publiques urbaines : Hyde-Park, les Tuileries, le Luxembourg n'en ont guère connu d'autre.

Pour la Terrasse de Québec, on n'a rien fait de tout cela, et l'on s'en est très bien trouvé. Figurez-vous une sorte d'immense plateforme ou plutôt un gigantesque parapet de 600 mètres de longueur, par 50 de largeur, accroché à environ 60 mètres du sol, et à mi-chemin de la citadelle, aux flancs de cette partie du roc qui regarde le fleuve. Çà et là, des kiosques élégants. Là-haut, la masse sombre de la citadelle, accroupie dans une pose de sphinx menaçant, avec la croix de Saint-Georges se déroulant au vent. Tout en bas, le grouillement de la ville basse, l'enchevêtrement des toits, des rues étroites et noires, où se meut une population de marchands, de matelots et de manœuvres. Plus loin, le Saint-Laurent, que sillonnent en tous sens les bateaux passeurs, les steamers et les voiliers venus de la haute mer, ou bien encore les nombreux *steamboats* faisant le service du cabotage. Puis, enfin, pour arrière-cadre, s'étendant à perte de vue par delà les rumeurs et les fumées de la ville, le panorama admirable des environs de Québec, ce panorama devant lequel plus d'un voyageur s'est laissé aller à répéter le célèbre *Veder Napoli e poi mori* de la vieille Europe.

La Terrasse, surtout, offre un spectacle particulièrement enchanteur au déclin d'une belle journée de printemps ou d'été, et par l'une de ces resplendissantes soirées pour lesquelles le pays est si justement renommé. A l'horizon, le soleil s'enfonce dans un embrasement de pourpre et d'or, allumant par toute la ville, aux flèches des églises, aux fenêtres des édifices, des lueurs rougeâtres d'incendie, et faisant miroiter au loin, sur le fleuve, comme une immense coulée de lave incandescente, aveuglante. Peu à peu tout cela se fond, devient indécis, puis soudain disparaît après avoir brillé, durant une minute, d'un éclat plus vif. Un grand calme, une admirable sérénité montent alors de la nature. Une à une les étoiles scintillent sur le velours bleu du ciel, prélude de l'illumination qui tout à l'heure va devenir générale. A cette hauteur, sur cette Terrasse de Québec, placée entre le fleuve et le ciel, on ressent, à ce moment du jour, une des émotions les plus pénétrantes qu'il puisse être donné d'éprouver.

La Terrasse, maintenant, est devenue plus animée. D'instant en instant, des groupes joyeux, toujours de plus en plus pressés, y font irruption. Bientôt le tout Québec sera là, s'abordant, se saluant, causant et devisant. Beaucoup de jeunes filles et de jeunes femmes, la plupart remarquablement belles, toutes petites et mignonnes avec des carnations fraîches et rosées. A l'instar de la Grenade andalouse du poète, la vieille cité canadienne aime à secouer, elle aussi, chaque soir, hors de ses murs, les joyaux les plus précieux de sa corbeille, c'est-à-dire toutes ses jeunes femmes en robes blanches et bleues, à l'œil lutin, à la bouche rieuse.

Tout à coup les cuivres de la musique militaire éclatent, enlevant avec netteté une harmonie puissante et grandiose dans l'air pur de la nuit. La rampe s'est, à cette heure, illuminée, plongeant ses feux électriques tout en bas, jusque dans les eaux du Saint-Laurent, effaçant de l'éclat de ses lampes Edison les mille points lumineux de la ville basse, et, au loin, de l'autre côté du fleuve, les scintillements de Lévis, dont les maisons, escaladant la falaise, viennent de s'allumer. Parfois, une frégate, mouillée dans la rade, se joint à la fête en se faisant une ceinture de falots de diverses couleurs, tandis que, du pont, s'échappent, de temps à autre, des bouquets de feux d'artifice. Le *God save the Queen* a depuis longtemps déjà donné le signal du départ, et depuis longtemps aussi, des flancs de la citadelle noire, au-dessus de nos têtes, a jailli le feu rouge du couvre-feu, et pourtant on reste là, accoudé, rêvassant et fumant force cigares, dans une paix, une plénitude de bien-être inexprimables.

III

LA SOCIÉTÉ. — LA LITTÉRATURE

En dépit des facilités de communications et d'informations qui augmentent chaque jour, la plupart des Français n'ont cependant encore qu'une idée bien imparfaite ou bien vague de ce qu'est réellement aujourd'hui cette province de Québec cédée en 1763 à l'Angleterre par le désastreux traité de Paris. Bien entendu, je n'irai pas jusqu'à leur attribuer l'admirable ignorance de ce Parisien, rencontré il y a quelque temps en tramway, et qui, au cours d'une conversation sur le Canada, me fit soudain tomber de mon haut par cette observation pour le moins saugrenue :

— Ah! oui, le Canada, on s'y rend bien vite, aujourd'hui, depuis le percement de l'isthme de Suez!

Je vous accorde volontiers que le cas de cet apprenti géographe est un fait extraordinaire. Encore le Français aurait-il mauvaise grâce à ne pas admettre qu'il ignore beaucoup de choses à l'endroit des habitants de ce pays. L'une des erreurs les plus communément répandues est celle qui consiste à croire que si l'on parle le français au Canada, ce doit être, en tout cas, un français bien dégénéré, quelque chose comme le patois des nègres de la Martinique et de la Guadeloupe; et j'ai encore à la mémoire le geste de profonde stupéfaction d'une dizaine de personnes, lorsque je leur montrai ici quelques numéros de journaux canadiens, ayant tous, ma foi, fort belle apparence, et, de plus, rédigés en bel et bon français. La plupart n'en revenaient pas. On leur eût mis sous les yeux un affreux mélange d'iroquois et d'algonquin qu'ils eussent été moins étonnés, tant ils étaient convaincus que l'on ne pouvait se servir couramment au Canada que de ces deux langues indiennes.

La vérité est que le Canadien des rives du Saint-Laurent n'a jamais parlé autre chose que la langue de Racine, sa seule et vraie

BEAUPORT, VILLAGE AUX ENVIRONS DE QUÉBEC.

langue maternelle, à lui léguée par ses ancêtres venus de la vieille France, et qu'il conserve avec un soin jaloux comme un joyau d'un prix inestimable.

Il y a plus encore. Cette langue française, le Canadien s'est toujours efforcé de la parler le plus purement possible, et si l'on en excepte certaines expressions du cru, inévitables dans un pays d'aspect si différent des contrées européennes — expressions pour la plupart, du reste, empreintes d'un pittoresque chatoyant ou d'une délicieuse poésie, — on est certes bien forcé d'avouer qu'il s'est acquitté jusqu'ici avec le plus grand honneur de sa tâche. Les salons de Québec, surtout, ont, de tout temps, tenu, au Canada, à être le foyer où sont venus tour à tour se recruter et se retremper les adeptes dans l'art de bien dire, et pas n'est besoin d'ajouter que, plus que jamais aujourd'hui, ils gardent haut et ferme, parmi la jeune société française américaine, le sceptre de cette supériorité. N'était un léger puritanisme britannique, conséquence du contact continuel avec les Anglais, et qui est cause qu'on trouverait là-bas d'un goût plus que douteux les mille et un petits traits, épicés de sel gaulois, qui forment, en France, la menue monnaie de la conversation courante; n'était, dis-je, ce puritanisme, ce serait à se croire soudainement transporté, dès le seuil d'un salon de Québec, dans l'un des plus aristocratiques hôtels du faubourg

VUE DU SAINT-LAURENT.

Saint-Germain, c'est-à-dire au sein même de toutes les élégances, de tous les raffinements de la civilisation, de toutes les bienséances de langage, qui constituent ce qu'on appelle communément le « grand genre », ce qui ne veut guère dire, on le sait fort bien, que ni la simplicité, ni la bonne humeur en soient exclues.

***

C'est à la cité de Québec que les Canadiens sont redevables de la plupart de leurs écrivains. Et si l'on ne peut la surnommer le « Paris du Canada », puisqu'elle est loin d'en être le centre le plus important, les friands des travaux de l'esprit y trouvent cependant tous les avantages d'une capitale, c'est-à-dire une Université, des bibliothèques, des salles de conférences, etc., et en même temps aussi, ce qu'ils chercheraient sans doute vainement ailleurs en Amérique, la tranquillité, le calme nécessaire aux hautes spéculations de la pensée. Au pied du roc de Québec, en effet, tous les bruits de l'extérieur viennent s'éteindre et mourir. A peine çà et là, par fugitives échappées, quelques échos des vaines agitations du monde sous forme de distractions fournies par quelque troupe dramatique ou d'opéra, de passage dans le pays. L'hiver, c'est encore bien pis : la neige n'a pas plus tôt déroulé son épais manteau blanc, que Québec se verrouille, se claquemure, se renferme chez lui, faisant claquer ses portes avec violence au nez des intrigants et des opportuns.

Du reste, à aucune autre époque de l'année, l'écrivain canadien ne pourrait trouver de plus féconds sujets d'inspiration que ceux que lui fournit l'hiver à la fois si sain et si rigoureux de son pays. On ne connaît guère en Europe, excepté peut-être au nord de la Russie, l'étincellement radieux de ces superbes journées hyperboréennes, alors que le soleil, décrivant son arc dans un ciel immaculé, pétille et flamboie sur les campagnes enneigées, pour disparaître, sur le soir, comme submergé dans une immense mer de sang dont les flots accouraient, pressés, à sa rencontre! On n'y peut avoir idée du charme suprême, de l'ineffable apaisement, de ces longues nuits si sereines, nuits admirablement étoilées, où le bleu de la voûte céleste et les blancheurs qui recouvrent la terre se fondent peu à peu en une vague teinte laiteuse donnant aux objets des dehors fantastiquement mystérieux; où encore parfois les aurores boréales, se jouant là-haut dans le firmament en mille et un zigzags lumineux, courent, volent, s'entre-croisent, se déploient, livrant soudain à l'œil ébloui la vision dantesque de paysages et de palais fantastiques qui, tour à tour, vont s'entassant, s'échafaudant jusqu'au zénith avec une rapidité prodigieuse, puis s'écroulent tout aussitôt dans un effondrement de flammes diaprées, d'où tombent à travers l'espace de subites fulgurances et des irradiations d'une intensité inouïe.

***

Je me suis arrêté bien souvent à songer qu'un Alphonse Daudet, par exemple, trouverait dans les pages des historiens du Canada matière à plus d'un de ces ravissants petits contes de fantaisie historique, qui ont fait ici la réputation de l'auteur du *Nabab,* et ce m'est un bien vif étonnement que l'on ne s'en soit pas déjà avisé au Canada. Mettre la fantaisie dans l'histoire! Mais oui, et cela est même parfois d'une intensité de vie très réelle, témoin ce naufrage de la *Sémillante* reconstitué par M. Daudet, pendant une nuit de tempête où il s'était lui-même attardé à faire la causette avec des bergers, autour d'un grand feu allumé sur la côte de Corse, près du détroit de Bonifacio. Que de drames ignorés se sont aussi joués à travers les solitudes du nouveau monde, dans le temps des combats à outrance pour la possession du pays, drames dont toutes les péripéties formeraient, réunies, l'un des volumes les plus saisissants qui se puissent imaginer !

Tenez, en voulez-vous une preuve? Je choisis au hasard entre mille sujets tous plus ou moins attrayants. Dans les commencements de la Nouvelle-France, nous raconte-t-on, au plus beau des escarmouches journalières avec les Iroquois, il arrivait souvent, surtout en hiver, que des hommes préposés à la garde des nombreux fortins disséminés sur toute l'étendue du territoire, disparussent tout à coup pour ne plus jamais revenir. « Il se sont égarés sans doute dans les alentours, ou bien ils sont tombés dans une embuscade de sauvage », se disaient alors entre eux leurs camarades désolés. Puis peu à peu le silence et l'oubli recouvraient la catastrophe, et il n'en était plus autrement question.

— Mais il me semble que nous n'avons pas vu Yvon de la journée. Lui serait-il, à lui aussi, arrivé malheur?

Je ne sais, mais je m'imagine que cette question a dû être posée jadis maintes fois là-bas, les soirs de garde, alors que les soldats du roi de France roulaient leurs dés sur les peaux sonores des tambours, s'apprêtant ainsi à tuer les longues heures de la veillée.

A première vue, il n'y a rien là, dans ce cas isolé et banal de la disparition d'un homme, qui vaille la peine d'être raconté. Cependant, creusez un peu le sujet, et vous verrez tous les éléments d'une tragédie des plus poignantes s'y grouper d'une façon progressive et continue.

Pourquoi Yvon? Mon Dieu! j'ai dit Yvon comme j'aurais dit Jean ou Pierre, il n'importe. Seulement, « Yvon » est peut-être plus « couleur locale ». Il en arrivait tant alors, au Canada, de ces Bretons; et, vous le savez, tous les Bretons se nomment Yvon. Et puis ce nom vous a comme une belle allure de jeunesse candide et martiale qui plaît infiniment. Volontiers on se figurerait, en le prononçant, un beau grand jeune gars, aux yeux bleus à la fois doux et hardis, l'air bien résolu, avec un léger brin de mélancolie répandue sur la physionomie, de quoi en faire un « quelqu'un » assez intéressant, en un mot.

Cet Yvon donc, puisque Yvon il y a, s'est éloigné dans la matinée pour aller faire, si vous le voulez, une promenade. Il faisait si beau, le soleil brillait avec tant d'éclat sur la plaine enneigée, qu'il n'avait pu se résoudre à tenir plus longtemps dans la salle enfumée du corps de garde. Aussi bien, la campagne était libre, depuis des semaines, de rôdeurs indiens. Et puis — pourquoi ne pas le dire tout de suite? — il s'était senti une irrésistible envie d'aller rêver un peu d'une payse, une sienne cousine aux cheveux dorés comme une madone, qui avait pleuré bien fort sur la pointe de Penmarch, quand le vaisseau qui emportait son fiancé vers le Saint-Laurent avait disparu à l'horizon. Il se trouvait toujours ainsi plus seul à seul avec la chère vision, loin de ses camarades qui le blaguaient — un surtout, un grand diable de sergent surnommé Va-de-bon-cœur — chaque fois qu'ils surprenaient chez lui quelques fugitifs soupirs d'amoureux. Mais voyez donc quel chemin l'imagination — cette folle du logis — nous a déjà fait parcourir!

Depuis combien de temps Yvon était-il parti? A coup sûr, il

MONTRÉAL.

n'eût pu le dire, tellement ses pensées l'avaient absorbé. A un moment, toutefois, de longues bandes de nuages grisâtres, qu'il aperçoit montant lentement vers le soleil, viennent l'avertir de l'approche d'une bourrasque de neige et l'inviter à rebrousser chemin. Mais quoi! ne tentera-t-il pas auparavant de s'emparer de quelqu'une de ces belles pièces de gibier qui foisonnent dans les alentours? Les bonnes gorges chaudes que feraient ses camarades en le voyant revenir bredouille! car, il ne faut pas l'oublier, il leur a dit en se séparant d'eux qu'il partait pour la chasse. Et puis, son fusil sonnait si allégrement sur son épaule, ne demandant qu'à parler! Justement, voici que, à la lisière du bois, quelque chose grouille et s'agite. Le doigt sur la gâchette, il s'approche, fouillant du regard le taillis redevenu immobile. Il va y pénétrer. Tout à coup un sifflement, un choc aigu, effroyable, et le pauvre

Yvon tombe à la renverse, la poitrine trouée d'une flèche qui s'y est enfoncée toute vibrante.

La douleur lui fait perdre connaissance. Son sang s'échappe maintenant à larges flots, rougissant tout autour la neige. Quand il rouvre les yeux, un spectacle hideux l'attend. Courbés sur lui, et le guettant d'un regard avide, flamboyant, se tiennent les rouges Indiens des solitudes américaines, ces Iroquois féroces qu'il sait impitoyables. L'un d'eux, avec un sourire de démon et brandissant un coutelas, vient de lui soulever la tête. Il sent comme un trait

RÉCOLTE DE LA GLACE A MONTRÉAL.

de feu lui courir tout autour du crâne. Mon Dieu! est-ce déjà là ce scalp dont il a tant entendu parler? La sensation de ce fer, aussi, est horrible. C'en est trop, et une seconde fois il s'évanouit.

Quand il se réveille de nouveau, il est seul. Tout là-bas le soleil s'est ménagé à l'horizon une étroite bande de ciel bleu pour envoyer à la terre un dernier adieu, et là-haut les nuages se massent de plus en plus. Bientôt tout s'obscurcit, et, avec le crépuscule, la neige commence à tomber. Elle tombe molle et silencieuse, par épais flocons ouatés, avec des caresses, des enveloppements d'endormeuse. Avec la nuit, cependant, elle se fait plus précipitée, plus serrée, oscillant par bouffées sous le vent, qui maintenant emplit de vagues sonorités la forêt voisine La bourrasque va venir.

Yvon, de temps à autre, écarte d'un bras la neige qui monte et s'accumule, menaçant de l'ensevelir; et cependant il remue le moins possible, à cause des souffrances atroces que le plus petit mouvement lui fait éprouver. Une fois seulement, il a fait un effort héroïque. Se ressouvenant, il a porté la main au-dessus de son front et l'en a retirée précipitamment, en poussant un long cri qui n'avait plus rien d'humain. Ses cheveux, il ne les a plus. A leur place, une immense surface dénudée, sanguinolente, qui devait être épouvantable à voir. Et puis il ne peut pas se lever. Va-t-on donc le laisser mourir ainsi? Mais non, ses camarades doivent s'être mis à sa recherche. Un intense besoin de vivre le secoue. Il veut revoir à tout prix l'humble village où il est né, et sa Jeannie adorée, sa Jeannie belle comme une madone qui prie pour l'absent, loin, bien loin.

Mais oui, il vivra! Ne souffre-t-il pas beaucoup moins maintenant? Il ne sent plus même ce froid de sinistre augure, qui tout à l'heure envahissait son cœur. Rêve-t-il? Mais il lui semble qu'une musique d'une douceur infinie résonne au loin, à travers la nuit noire, complètement venue. Et puis, toutes sortes d'êtres délicieux en blanches robes, avec des sourires d'une fascination étrange, et de grandes ailes qui battent mollement, passent et repassent dans le ciel, l'invitant à les suivre. Ah çà, mais, est-ce qu'il va encore durant bien longtemps se repaître de toutes ces jouissances? Et précisément, ce soir-là, le sergent Va-de-bon-cœur l'attend pour monter la garde.....

. . . .

Le lendemain, le soleil reprend sa course glorieuse. Partout, un même uniforme manteau blanc, épais et moelleux, recouvre vallons, collines et montagnes. Ce matin-là, la cause de la France en Amérique compte un martyr de plus.

IV

MONTRÉAL

De Québec, pour se rendre à Montréal, on a le choix entre trois routes : le Saint-Laurent, le chemin de fer de la rive nord, et celui de la côte sud.

La voie du fleuve est sans contredit la plus agréable. Durant la belle saison, les superbes bateaux du Saint-Laurent, qui font le service entre les deux villes, sont littéralement pris d'assaut, surtout par les touristes venus des États-Unis.

Ils méritent d'ailleurs la vogue dont ils jouissent. Le voyageur n'est pas plus tôt installé que déjà il a oublié les mille petits ennuis qui sont la conséquence de tout déplacement. Là dedans il respire et se meut à l'aise, absolument comme dans son *home*. Pas un de ses désirs qui n'y ait été prévenu, pas une de ses habitudes les plus chères qu'il ne puisse satisfaire. Salons spacieux, restaurant, buffet, salles de billard et de lecture, fumoirs, etc., tous les conforts, en un mot, d'un hôtel de première classe lui procurent une soirée des plus charmantes. Puis, vers minuit, le sommeil venu, sa cabine est là qui l'attend, la cabine du bord, si proprette et si fraîche, avec son lit bien blanc dans lequel il reposera, sans secousse et sans bruit, jusqu'au matin. Le temps ensuite, sa toilette faite, d'aller griller une cigarette sur l'avant-pont, en humant avec délices l'air matinal, et devant lui, tranchant au loin sur les éternelles perspectives vertes et bleues des champs et du fleuve, se dessinera sous le soleil une longue ligne grise avec des scintillements de toits de métal et de flèches d'églises. C'est Montréal.

Autant Québec a frappé le touriste par sa physionomie quelque peu archaïque, par sa tranquille et solennelle vétusté, autant Montréal l'étonnera par son activité et sa splendeur toute moderne. Le fait est qu'on pourrait difficilement rencontrer dans un même pays deux villes plus dissemblables. L'une tâtonne, hésite, ne se meut qu'avec la plus grande circonspection; l'autre court, vole à son but, possède le coup d'œil et la sûreté de main des hardis et des jeunes. Une *bravura* bien américaine, en un mot.

Montréal renferme à cette heure 200,000 habitants, et Québec 80,000, et quand plus tard, sans doute, cette dernière ville aura à peine 100,000 âmes, sa rivale ne sera pas loin des 500,000, et continuera encore de plus belle sa marche en avant.

L'admirable situation de Montréal la destinait, du reste, depuis longtemps à devenir par excellence le centre de production du Canada. Tout près, l'Ottawa, autre fleuve géant, vient se jeter dans le Saint-Laurent, offrant ainsi un moyen de communication sûr et rapide avec une immense et riche région encore bien peu exploitée aujourd'hui. Puis les Grands-Lacs sont là, à une journée de route à peine de la ville par le Saint-Laurent, les Grands-Lacs qui ouvrent la voie de cet énorme grenier d'abondance, appelé « l'Ouest-Amérique », dont les millions d'hectolitres de blé prendront sans doute avant peu le chemin de la métropole canadienne, pour de là se diriger vers l'Océan et l'Europe (1).

La ville est superbement bâtie, en belle pierre grise tirée des carrières de la montagne à laquelle elle est adossée, et l'on pourrait presque, en parcourant ses rues, se croire dans une capitale de l'Europe. Les églises y sont nombreuses et d'une rare somptuosité, entre autres Notre-Dame, qui rappelle d'assez près la basilique du même nom à Paris, et qui peut contenir dix mille personnes; puis la cathédrale anglicane de Saint-Georges, l'un des plus purs monu-

(1) Voir H. Levasseur, *Le trafic des lacs*, dans le *Bulletin* de la Société de géographie de Québec (1892).

ments d'architecture gothique qui se puissent voir. Viennent ensuite quelques établissements d'éducation, le Grand Séminaire, le Collège des Jésuites, l'Université Mac Gill, le Collège de médecine Victoria. Beaucoup d'autres édifices sont aussi très remarquables : le Palais de justice, aux belles lignes graves et sévères; l'hôtel Windsor, immense et majestueux caravansérail qui peut supporter la comparaison avec tout ce que l'on trouve de mieux en ce genre tant en Europe qu'en Amérique; l'hôtel des Postes, le Grand Hôpital, l'Hôtel de ville, etc.

Montréal est aussi réputé pour la grande richesse de ses établissements de finance et de haut commerce. Quelques Banques sont

PONT VICTORIA ET PROMENADE SUR LA GLACE, A MONTRÉAL.

de véritables monuments publics, et certains de ses grands magasins, vrais temples érigés à la toute-puissance du dieu Dollar, figureraient avec éclat sur les places publiques de bien des capitales, à côté des palais princiers. Le long des rues principales, mille coquettes et élégantes boutiques sollicitent comme à Paris, par l'attraction de leurs vitrines, l'attention des promeneurs, et tout le jour, de fringants équipages y stationnent, absolument comme aux portes des grands établissements des boulevards parisiens. Les riches déploient un grand luxe dans l'ornementation de leurs hôtels. La plupart, entourés de massifs de fleurs et de verdure, offrent un coup d'œil ravissant alors que, roulant en voiture sous les fraîches et épaisses frondaisons des avenues, on en suit les longues perspectives se succédant à l'infini.

*
* *

Le nom de Montréal devra rappeler à plus d'un lecteur le souvenir de ce carnaval d'hiver d'un genre si particulier dont les

PALAIS DE GLACE, A MONTRÉAL.

journaux français ont raconté les magnificences à leurs lecteurs, et notamment un certain palais de glace, aux proportions gigantesques et féeriques, qui semble emprunté au royaume d'Aladin.

Au fond, rien n'est plus simple que la construction de cette merveille, qui se fait à Montréal en un tour de main. Devant la ville, le Saint-Laurent, gelé en février sur une épaisseur d'un mètre, fournit les matériaux en abondance. Des machines attaquent la glace, la scient en beaux blocs bien réguliers, puis les travaux d'édification commencent. En peu de jours tout est prêt, et là où, une semaine à peine auparavant, on ne voyait qu'une place déserte, s'élève maintenant l'étrange monument dont les parois de cristal étincellent sous le soleil comme les mille et une facettes d'un gigantesque diamant. Qu'on ne crie pas au prodige! On y donne même des fêtes à l'intérieur, pendant le carnaval, et pour ma part je ne sais pas de spectacles qui vaillent l'aspect de cette salle de bal, quand, sous les rayons électriques tombés des voûtes et centuplés par la réverbération des glaces, les couples tournoient et tourbillonnent.

Les trois principaux genres d'amusements du carnaval de Montréal sont le patin, le *toboggan*, appelé aussi « traîne sauvage », et la raquette.

Le patin canadien ne diffère guère de celui dont se sert la *fashion* de Paris au bois de Boulogne. Seulement, au Canada, le patinage est parfois plus qu'un délassement; c'est aussi un art des plus sérieux, et même des plus utiles. Les jeunes gens surtout emploient souvent le patin pour franchir, sur le miroir gelé des rivières, et avec une rapidité vertigineuse, des distances considérables. De là, toute une école de patineurs émérites. Ainsi, dans une récente joute, entre autres, le vainqueur, suivi de près par ses concurrents, parcourut quinze milles anglais, soit environ vingt-cinq kilomètres, en cinquante-neuf minutes et demie.

Le *toboggan* est un véhicule fort étrange et qu'on ne rencontre nulle part ailleurs. C'est une simple planche en bois de frêne, recourbée à l'un de ses bouts. Épaisse de cinq à dix millimètres tout au plus, large de cinquante centimètres, sa longueur varie entre deux et trois mètres. Six personnes peuvent commodément y prendre place. On s'imagine le degré de célérité que peut atteindre une semblable masse, lorsqu'elle dévale du haut de ces nombreuses glissoires, à pente très rapide, pratiquées en grand nombre sur les flancs de la montagne de Montréal. Le soir, le coup d'œil est des plus pittoresques.

La raquette, ou, selon la traduction littérale du mot anglais, la « chaussure à neige », se compose d'une étroite bande en bois de frêne, recourbée en deux, et dont on fait rejoindre les bouts en les assujettissant fortement par une courroie. Deux petits bâtons, posés ensuite en travers, achèvent de donner à ce premier travail la forme voulue, c'est-à-dire à peu près celle d'un cerf-volant. Puis on fait courir un entrelacement assez serré de lanières de cuir, en ayant soin de laisser à un tiers de la hauteur un espace suffisant pour que le bout du pied puisse y jouer à l'aise. La raquette est alors prête, et un marcheur habile s'en servira sans crainte pour s'aventurer par monts et par vaux dans la campagne, où il n'est pas rare de voir des bancs de neige atteindre jusqu'à six ou sept mètres de hauteur.

Essayerai-je maintenant de reconstituer, pour le lecteur français, le tableau brillant et animé d'une journée de Montréal en temps de carnaval ?

Il fait froid, assez froid même dans la matinée, mais l'air est pur et sec, et le ciel sans nuages. Pas de vent ; les fumées de la ville montent toutes droites, effilées et bleuâtres ; un excellent augure, disent les connaisseurs. Partout la neige durcie grince sous le pas des piétons, sous les patins des traîneaux, avec ce pétillement singulier, bien connu des Canadiens, qui indique infailliblement, et sans qu'on ait besoin de consulter le baromètre, que la température va se tenir au « beau fixe ».

Mais la journée s'avance, la foule grossit. Le soleil, maintenant, lorsque sonne à travers la cité le grand coup de midi, produit par tout l'espace comme l'effet d'un énorme foyer d'incendie, et fait flamber au loin la nappe de neige avec des miroitements aveuglants d'or en fusion. La populace va se faire légion. Par les rues, peu ou point de masques, la rigueur du climat en rendant le plus souvent l'usage difficile. Bien entendu, pas de bataille de *confetti* ni de bouquets comme à Rome, à Nice, ou à Paris. En revanche, un admirable défilé d'équipages d'hiver, et tel qu'il ne s'en peut sûrement pas voir nulle part ailleurs. Tous les genres imaginables : depuis le traîneau national appelé *berlot*, peint de couleurs vives, jusqu'au superbe et étincelant *four-in-hands*, traîné par ses quatre pur sang qui secouent orgueilleusement les sonneries argentines de leur attelage. Ce qu'on voit là de fourrures donnerait à penser que l'on a complètement dévalisé le pôle Nord, pour le plus grand plaisir surtout des jolies Montréalaises, qui se montrent extraordinairement friandes de ces chaudes et moelleuses dépouilles opimes.

A mesure que le jour décroît, la clameur de la foule redouble d'intensité. Parfois une fanfare éclate, précédant un club de raquetteurs s'apprêtant à entrer en lice avec une association rivale, et chantant en cadence :

Nous perpétuons le nom, la mémoire
Des hardis trappeurs,
Héroïques sapeurs
Dont l'historien raconte la gloire.
Et qui, sans broncher,
Savaient toujours marcher.

Les bravos, les vivats retentissent partout sur leur passage

Bientôt le soleil s'enfonce et disparaît sous l'horizon. La multitude est devenue une marée humaine. Çà et là, dans la nuit qui tombe, des reflets de feu de forge : ce sont les *saloons*, ou débits de boissons spiritueuses, aux larges baies ouvertes sur la rue comme des gueules de fournaise.

Soudain, dix, vingt, cent flammes échevelées surgissent de tous côtés. Puis des milliers de flambeaux s'allument à leur tour, répandant par toute la ville comme les reflets de quelque colossal serpent de feu. Là-haut, sur une éminence, le Palais de glace, féerique, prodigieux, surnaturel, dresse ses tours et ses créneaux de cristal, qui projettent au loin les fulgurantes irradiations de leurs foyers électriques.

La ville tout entière n'est plus en ce moment qu'une énorme torchère. Le Mont-Royal même est illuminé de milliers de zigzags incandescents. Ce sont les marcheurs en raquette qui l'occupent échelonnés depuis sa cime jusqu'à sa base, chacun tenant une torche à la main. Les fusées, les bouquets de feux d'artifice passent et repassent continuellement dans l'air froid de la nuit, s'entrecroisant, s'écrasant en pluies d'étoiles diaprées. Dans les skatings, la ronde des patineurs tourbillonne et fait rage; les bals masqués sont dans tout leur éclat. Montréal, durant ces courtes heures, n'est pas loin de se croire la reine de l'Amérique, que dis-je? de l'univers!

Puis, une à une, s'éteignent les lumières, d'abord à longs intervalles, comme à regret; par rues entières ensuite, comme soufflées par une seule et même bouffée de vent. Les clameurs se fondent aussi à leur tour en un murmure à peine distinct, se perdant de plus en plus dans les lointains. Bientôt, c'est le calme absolu. La lune, un instant déchue de ses fonctions, monte alors avec plus d'éclat vers le zénith, enveloppant les objets de ses blancheurs molles et argentées. C'est la nuit, la pure, idéale et sereine nuit des solitudes enneigées du Grand-Nord!...

SYLVA CLAPIN.

TYPE D'INDIEN CORBEAU.

www.ingramcontent.com/pod-product-compliance
Ingram Content Group UK Ltd.
Pitfield, Milton Keynes, MK11 3LW, UK
UKHW021035200726
13857UKWH00004B/1723

9 782013 076968